Reihe: Meilensteine Deutsch

Thomas Heinrichs (Hrsg.)
Nicole Mohnen, Martina Zerr

Grammatik

3./4. Klasse, Heft 1

* Hier kannst du einen Namen einsetzen.

Ernst Klett Verlag
Stuttgart · Leipzig

Die bestimmten Artikel heißen: der, die, das.
Sie begleiten ein Nomen und bestimmen dessen Geschlecht:
der: männlich (m) die: weiblich (w) das: sächlich (s)

Bestimme den Artikel der Nomen
und schreibe das Geschlecht (m, w, s) dahinter.

Artikel	Nomen	Geschlecht	Artikel	Nomen	Geschlecht
das	Buch	s	______	Keks	◯
______	Stift	◯	______	Salat	◯
______	Sonne	◯	______	Burg	◯
______	Sand	◯	______	Dach	◯
______	Wasser	◯	______	Pferd	◯
______	Hund	◯	______	Kette	◯
______	Kind	◯	______	Bagger	◯
______	Haus	◯	______	Fisch	◯
______	Schrank	◯	______	Papier	◯
______	Gabel	◯	______	Käfig	◯
______	Stuhl	◯	______	Wurzel	◯
______	Blume	◯	______	Gras	◯
______	Maus	◯	______	Teller	◯
______	Klavier	◯	______	Löwe	◯

Anzug	◯	Bus	◯
Tier	◯	Muschel	◯
Tafel	◯	Flasche	◯
Astronaut	◯	Sessel	◯
Ampel	◯	Kleid	◯
Bett	◯	Kugel	◯
Auto	◯	Kerze	◯
Ameise	◯	Licht	◯
Tür	◯	Sofa	◯
Buch	◯	Vase	◯

Mit einem bestimmten Artikel meint man etwas Bestimmtes.

Welcher Satz passt?
Entscheide und verbinde.

Ich möchte **eine** Puppe. ○

Ich möchte **die** Puppe mit dem langen Zopf. ○

Max möchte **das** rote Auto. ○

Max möchte **ein** Auto. ○

Anna kauft **ein** Kleid. ○

Anna kauft **das** Kleid mit den Blumen. ○

Martin wünscht sich **ein** neues Fahrrad. ○

Martin wünscht sich **das** rote Fahrrad. ○

Max stellt **eine** Tasse auf den Tisch. ○

Max stellt **die** grüne Tasse auf den Tisch. ○

Opa kauft **eine** Lampe. ○

Opa kauft **die** Lampe mit dem großen Schirm. ○

Eine Schnecke kriecht die Blume hoch. ○

Die größte Schnecke kriecht die Blume hoch. ○

Entscheide, ob du einen bestimmten oder unbestimmten Artikel einsetzen musst. Setze den Artikel ein.

1. Der ___________ kleine Hund von Felix hat ein sehr dickes Fell.
2. Gestern habe ich ___________ Sternschnuppe gesehen.
3. ___________ Lehrerin der Klasse 4c ist sehr streng.
4. ___________ Sonne brennt heiß auf den Wüstenboden.
5. ___________ Meer ist heute besonders aufgewühlt.
6. ___________ Herde Elefanten stampft zum Wasserloch.
7. ___________ Fleisch im Futternapf riecht nicht mehr gut.
8. ___________ Puppe mit dem roten Kleid gefällt mir.
9. Die Frau kauft ___________ Eis.
10. ___________ Haus von Familie Becker ist rot.
11. Sarah hat im Geschäft ___________ Kette gefunden.
12. ___________ Fahrrad von Kai ist blau.
13. Irgendwo am Himmel fliegt ___________ Vogel.
14. Da kommt ___________ starker Sturm auf.
15. ___________ jüngste Kind meiner Tante ist drei Jahre alt.
16. Tom hat ___________ Geheimnis.
17. ___________ Blume mit den roten Blüten ist schön.
18. ___________ Junge aus Klasse 4 ist krank.

19. Meine Oma erzählt mir gerne __________ Geschichte.

20. __________ Katze Mimmi ist sehr verschmust.

21. Ich hätte gerne __________ neues Fahrrad.

22. Ich fahre durch __________ Straße mit vielen Bäumen.

23. Achtung, __________ Ball rollt ins Tor!

24. Leg bitte __________ braune Decke auf den Boden.

25. Wir brauchen __________ neues Sofa.

26. __________ Baum ist mindestens 10 m hoch.

27. Gib mir bitte mal __________ Butter.

28. __________ Haustürschlüssel ist in der Tasche.

29. __________ Bild mit dem kleinen Hund hängt schief.

30. Dein Zimmer sieht aus wie __________ Saustall.

31. Ich lese gerade __________ Buch über Schweine.

32. Kannst du mir __________ grüne Tasse bringen?

33. __________ Weg zur Schule ist sehr weit.

34. __________ rote Lutscher schmeckt am besten!

35. __________ Buch über die Piraten ist spannend!

Verben kann man beugen (konjugieren).
Bei regelmäßigen Verben bleibt der Wortstamm gleich.

Beuge (konjugiere) die Verben in der Gegenwartsform.
Markiere den Wortstamm rot und die Endungen blau.

	rollen	**spielen**	**kochen**
ich	rolle		
du	rollst		
er, sie, es			
wir			
ihr			
sie			

	malen	**lachen**	**holen**
ich			
du			
er, sie, es			
wir			
ihr			
sie			

	fragen	**sagen**	**meinen**
ich			
du			
er, sie, es			
wir			
ihr			
sie			

Achtung!
Bei unregelmäßigen Verben ändert sich der Wortstamm.

Beuge (konjugiere) die Verben in der Gegenwartsform.
Markiere den veränderten Wortstamm rot.

	sehen	**helfen**	**fahren**
ich	sehe		
du	siehst		
er, sie, es	sieht		
wir			
ihr			
sie			

	sprechen	**geben**	**fangen**
ich			
du			
er, sie, es			
wir			
ihr			
sie			

	treffen	**werfen**	**tragen**
ich			
du			
er, sie, es			
wir			
ihr			
sie			

Verben zeigen an, ob etwas jetzt geschieht (Gegenwart) oder ob etwas schon geschehen ist (Vergangenheit). Bei regelmäßigen Verben bleibt der Wortstamm gleich.

Beuge (konjugiere) die Verben in der Vergangenheitsform. Markiere den Wortstamm rot und die Endungen blau.

	lachen	**rollen**	**kochen**
ich	lachte		
du	lachtest		
er, sie, es			
wir			
ihr			
sie			

	malen	**spielen**	**holen**
ich			
du			
er, sie, es			
wir			
ihr			
sie			

	fragen	**sagen**	**meinen**
ich			
du			
er, sie, es			
wir			
ihr			
sie			

	bauen	schauen	öffnen
ich	______	______	______
du	______	______	______
er, sie, es	______	______	______
wir	______	______	______
ihr	______	______	______
sie	______	______	______

	schmecken	pflanzen	schimpfen
ich	______	______	______
du	______	______	______
er, sie, es	______	______	______
wir	______	______	______
ihr	______	______	______
sie	______	______	______

	schenken	jubeln	drücken
ich	______	______	______
du	______	______	______
er, sie, es	______	______	______
wir	______	______	______
ihr	______	______	______
sie	______	______	______

Setze das passende Verb von oben in der Vergangenheit ein.

Das Eis ____________________ lecker.

Die Kinder ____________________ ein paar Blumen in den Garten.

Ich ____________________ laut beim ersten Tor.

Achtung!
Bei unregelmäßigen Verben ändert
sich in der Vergangenheit
der Wortstamm.

Beuge (konjugiere) die Verben in der Vergangenheitsform.
Markiere den veränderten Wortstamm rot.

	sehen	**helfen**	**fahren**
ich	sah		
du	sahst		
er, sie, es			
wir			
ihr			
sie			

	sprechen	**geben**	**fangen**
ich			
du			
er, sie, es			
wir			
ihr			
sie			

	treffen	**werfen**	**tragen**
ich			
du			
er, sie, es			
wir			
ihr			
sie			

	trinken	ziehen	gehen
ich	______	______	______
du	______	______	______
er, sie, es	______	______	______
wir	______	______	______
ihr	______	______	______
sie	______	______	______

	nehmen	riechen	laufen
ich	______	______	______
du	______	______	______
er, sie, es	______	______	______
wir	______	______	______
ihr	______	______	______
sie	______	______	______

Setze das passende Verb von oben in der Vergangenheit ein.

Gestern ____________________ ich an einer Blume.

Mein Vater ____________________ mit mir ins Kino.

Wir ____________________ um die Wette.

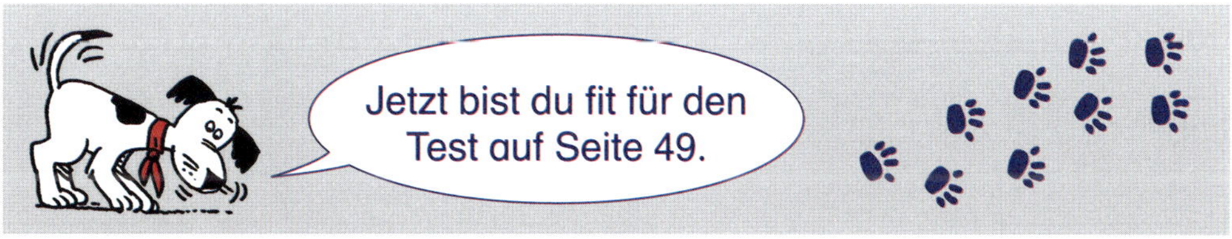

Adjektive beschreiben wie etwas oder jemand ist.
Sie lassen sich meistens steigern.

Steigere die Adjektive.

schön	schöner	am schönsten
dick		am
mutig		am
leicht		am
lustig		am
dünn		am
hell		am
weich		am
kalt		am
schwer		am
schnell		am
schlimm		am
klein		am
laut		am
traurig		am
hart		am

Adjektive kann man steigern.
Mit Adjektiven kann man vergleichen.

Schreibe zu jedem Bild passende Sätze.

schwer

Das Pferd ist schwerer als der Hund.
Der Elefant ist schwerer als das Pferd.
Der Elefant ist am schwersten.

groß

schnell

hoch

Adjektive können mit Nomen zusammengesetzt werden.
Man schreibt sie klein.

Setze richtig zusammen.

süß wie Zucker ➔ zuckersüß

blau wie der Himmel ➔ ____________

leicht wie eine Feder ➔ ____________

kalt wie Eis ➔ ____________

hart wie Stein ➔ ____________

glatt wie ein Spiegel ➔ ____________

klar wie Glas ➔ ____________

Setze das passende Adjektiv von oben ein.

Die Erdbeeren schmecken zuckersüß.

Ich sitze mit meinem ____________ Kleid im Garten

und trinke eine ____________ Limo.

Im Winter sind die Straßen oft ____________.

Das Gegenteil von sehr schwer ist ____________.

Die Schale einer Kokosnuss ist ____________.

Das Wasser im Fluss ist ____________.

Verbinde und schreibe die zusammengesetzten Adjektive auf.

Gras ○	○ hoch	Butter ○	○ scharf
Haus ○	○ grün	Schnee ○	○ weich
Zucker ○	○ schön	Kugel ○	○ weiß
Bild ○	○ gelb	Stroh ○	○ dumm
Gold ○	○ süß	Messer ○	○ rund

haushoch, ______________________________

____

____

Achtung!
Manche Adjektive werden mit einem n verbunden.

Bär ○	○ groß	Kastanie ○	○ schwarz
Flasche ○	○ stark	Glocke ○	○ braun
Riese ○	○ grün	Rabe ○	○ hell

riesengroß, ______________________________

____

____

Am Ende eines Aussagesatzes steht ein Punkt.
Jeder Satz beginnt mit einem großen Anfangsbuchstaben.

Setze die fehlenden Punkte (13) ein.
Markiere den Satzanfang.

Mein Hobby

Ich heiße Laura und spiele Hockey in einem Verein. Am Samstag haben wir mit unserer Mannschaft an einem Turnier in Wiesbaden teilgenommen Schon nach wenigen Minuten hat meine beste Freundin ein Tor geschossen Kurz danach habe ich auch ein Tor geschossen Nach der Halbzeit kassierten wir leider ein Gegentor Wir erkämpften schließlich den zweiten Platz Dafür bekamen wir eine silberne Medaille und einen Pokal

Zur Belohnung ist unser Trainer nachmittags noch einmal mit uns ins Stadion gefahren Dort hat unsere Herrenmannschaft gegen Mainz gespielt Es war ein tolles Spiel Das Publikum hat laut getrommelt und geklatscht Das Spiel endete leider unentschieden Ich möchte später auch einmal in der Nationalmannschaft spielen

Setze die fehlenden Punkte (5) ein.
Markiere den Satzanfang.
Schreibe die Sätze richtig ab.

Der Zirkusbesuch

letzten Sonntag hat mich meine große Schwester zu einem Zirkusbesuch eingeladen. meine Schwester kaufte die Eintrittskarten und wir suchten uns einen Platz dann kam ein Clown und machte uns allen einen roten Punkt auf die Nase die Vorstellung begann mit einem Zauberer und Raubtieren zum Schluss kamen endlich die Clowns

Der

Am Ende eines Satzes musst du ein Zeichen setzen:
? bei einer Frage, . bei einer Aussage,
! bei einem Ausruf, . oder ! bei einer Aufforderung.

Setze die fehlenden Satzzeichen ein.

Um wie viel Uhr treffen wir uns ?

Jonas liest ein spannendes Buch .

Lass mich in Ruhe !

Wo sollen wir spielen

Manchmal ist mir langweilig

Hör zu

Willst du noch etwas essen

Kannst du mir dein Buch leihen

Hilfe

Wer hat die Weltmeisterschaft gewonnen

Im Kino läuft ein schöner Film

Wann sind endlich Ferien

Iss deinen Teller leer

Die Schule feiert jedes Jahr ein Schulfest

Komm endlich

Warum ärgerst du mich immer

Im Wald findet man viele verschiedene Pilze

Aua

Wie wird das Wetter morgen

Räum dein Zimmer auf

Tim und Paul arbeiten an einem Vortrag

Kannst du mir bitte beim Abwaschen helfen

Ich muss um 16.00 Uhr zum Zahnarzt

Liest du mir eine Geschichte vor

Fröhlich laufen die Kinder in die Pause

Geh mir aus dem Weg

Wo sind meine Socken

Sorgfältig erledigt Sabrina ihre Hausaufgaben

Lies bitte die Hausaufgaben vor

Ich schreibe einen Text für die Klassenzeitung

Die Lehrerin hat etwas Schönes vorbereitet

Gehst du mit dem Hund spazieren

Oh, nein

Warum weinst du denn

Papa fährt jeden Morgen mit dem Auto zur Arbeit

So was

Putz dir schon mal die Zähne

Setze die fehlenden Satzzeichen .!? (30) ein.
Markiere den Satzanfang.

Kai allein zu Hause

Am Abend sind Kais Eltern ausgegangen. Kai bleibt allein zu Hause Er darf zuerst noch etwas fernsehen Aber was soll er gucken Einen Zeichentrickfilm oder einen Tierfilm Er entscheidet sich für den Tierfilm Um 21 Uhr soll er ins Bett gehen Kai will sich die Zähne putzen Doch wo ist die Zahnpasta Er sucht überall Endlich Er hat sie gefunden Im Bett liest er noch ein paar Seiten in seinem spannenden Buch Dann macht er das Licht aus Da War da nicht ein Geräusch Kai versteckt sich unter seiner Bettdecke Da Schon wieder dieses unheimliche Geräusch Mit einem komischen Gefühl schleicht Kai zur Treppe Ist da etwa jemand im Haus Was soll er nur tun

Auf einmal geht die Haustüre langsam auf Kai sieht zwei Personen ins Haus schleichen Sie flüstern Er nimmt all seinen Mut zusammen und macht das Licht an Es sind Mama und Papa Sie haben ihr Portemonnaie vergessen und wollten ihn nicht wach machen

Puh Das ist ja noch mal gut ausgegangen

Setze die fehlenden Satzzeichen .!? (9) ein.
Markiere den Satzanfang.
Schreibe die Sätze richtig ab.

Tom und Struppi

Tom hat heute einen Hund bekommen. aber wie soll er nur heißen Fritzi oder Struppi Tom entscheidet sich für Struppi am Nachmittag gehen sie zum ersten Mal raus in den Park nach einer Weile lässt Tom Struppi von der Leine plötzlich läuft der Hund los wo will er denn hin Tom sucht ihn überall

Tom

Schreibe die fehlenden Sätze mit den passenden Satzzeichen auf.

Aussage:	Du schreibst einen Text.
Frage:	Schreibst du einen Text?
Aufforderung:	Schreib einen Text!

Aussage:	Peter geht zum Zahnarzt.
Frage:	
Aufforderung:	

Aussage:	
Frage:	Spielst du mit mir?
Aufforderung:	

Aussage:	
Frage:	
Aufforderung:	Karl, iss deinen Teller leer!

Aussage:	Mia holt das Märchenbuch.
Frage:	
Aufforderung:	

Aussage:	
Frage:	Leihst du mir dein Buch?
Aufforderung:	

Aussage:	Lilli räumt ihr Zimmer auf.
Frage:	
Aufforderung:	

Aussage:	
Frage:	
Aufforderung:	Sprich leise mit mir!

Aussage:	
Frage:	Trägst du das Gedicht vor?
Aufforderung:	

Aussage:	Mama geht mit dem Hund Gassi.
Frage:	
Aufforderung:	

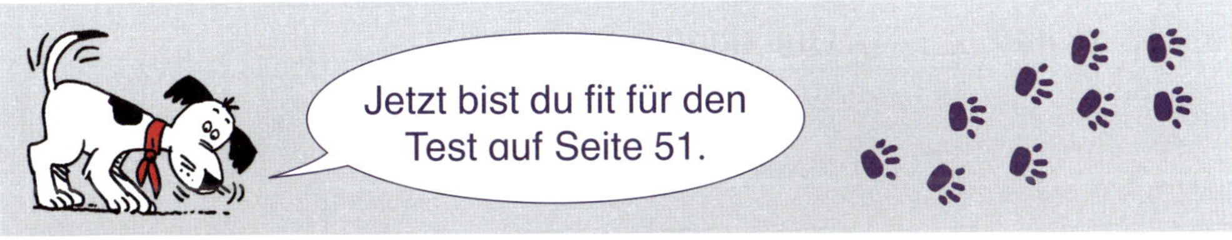

Hinter dem Begleitsatz folgt ein Doppelpunkt.
Nach einem Doppelpunkt schreibt man groß.
Anfang und Ende der wörtlichen Rede
sind durch Anführungszeichen gekennzeichnet („…“).

Unterstreiche den Begleitsatz rot und die wörtliche Rede blau.
Setze fehlende Satzzeichen : „ “ . ! ? ein.
Markiere den Satzanfang nach dem Doppelpunkt.

Am Telefon

Felix meldet sich :	„ Hier spricht Felix Jansen . “
Philipp sagt	Hallo Felix, hier ist Philipp
Felix freut sich	Hallo Philipp
Philipp fragt	Kannst du heute spielen
Felix antwortet	Nein, leider nicht
Philipp seufzt	Schade, vielleicht morgen
Felix meint	Ja, morgen ist kein Problem
Philipp fragt	Kommst du zu mir
Felix antwortet	Ja, gerne
Philipp fragt	Sollen wir Fußball spielen
Felix antwortet	Oh, ja
Philipp meint	Gut, dann bis morgen

In der Pause

Die Lehrerin sagt : „Raus mit euch! Es ist Pause .“

Svenja ruft Hurra, endlich Pause

Anja fragt Sollen wir Fangen spielen

Svenja meint Nein, lasst uns lieber Seilchen springen

Anja motzt Das ist mir zu langweilig

Lea stimmt zu Ja, genau

Svenja klagt Immer muss ich machen was ihr wollt

Lea antwortet Dann lass es doch bleiben

Svenja weint Immer seid ihr so gemein zu mir

Anja schlichtet Kommt wir vertragen uns wieder

Lea meint Okay, wir können ja beides spielen

Svenja antwortet Von mir aus können wir auch mit Fangen spielen anfangen

Anja sagt Gut, und danach springen wir Seilchen

Lea schlägt vor Und in der nächsten Pause spielen wir Fußball

Unterstreiche den Begleitsatz rot und die wörtliche Rede blau.
Schreibe die Sätze richtig ab:
Setze fehlende Satzzeichen : „ “ . ! ? ein.

Mittagessen

Mama ruft Max, komm bitte Mittagessen

Mama ruft: „Max, komm bitte Mittagessen!“

Max fragt Was gibt es denn

Mama antwortet Erbsensuppe und Würstchen

Max stöhnt Oh nein, das mag ich nicht

Mama schimpft Keine Widerrede

Max fragt Was gibt es denn zum Nachtisch

Mama lächelt Schokopudding

Max freut sich Den hab ich am liebsten

Mama sagt Das weiß ich doch

Unterstreiche den Begleitsatz rot und die wörtliche Rede blau.
Schreibe die Sätze richtig ab:
Setze fehlende Satzzeichen : „ “ . ! ? ein.
Schreibe den Satzanfang nach dem Doppelpunkt groß.

Die Verabredung

Nicki fragt sollen wir ins Kino gehen

Nicki fragt: „Sollen wir ins Kino gehen?“

Philipp sagt in welchen Film denn

Nicki meint ich würde gerne Karate Kid gucken

Philipp freut sich ja, super

Nicki fragt kaufen wir uns auch Popcorn

Philipp sagt klar, eine große Tüte

Nicki sagt ich komm dich um 15 Uhr abholen

Philipp antwortet gut, bis gleich

Anfang und Ende der wörtlichen Rede sind durch Redezeichen gekennzeichnet.
Fragezeichen und Ausrufezeichen werden **vor** dem hinteren Redezeichen gesetzt.
Nach der wörtlichen Rede folgt ein Komma.
Nach dem Komma schreibt man klein.

Unterstreiche die wörtliche Rede blau und den Begleitsatz rot.
Setze die fehlenden Satzzeichen „“ ! ? , ein.
Markiere den Anfang des Begleitsatzes.

„Wer wurde Fußballweltmeister?“, fragt Frau Quiz.

Spanien rufen Adam und Michael gleichzeitig.

Wie heißt die Hauptstadt von Spanien fragt Frau Quiz.

Lissabon ruft Nele.

Nein, Madrid schreit Justus.

Was heißt Hund auf Englisch fragt Frau Quiz.

Dog ruft Maike.

Wie heißt das größte Meeressäugetier fragt Frau Quiz.

Pottwal ruft Tina.

Quatsch, der Blauwal ist das größte Tier brüllt Lars.

Wie viele Beine hat eine Spinne fragt Frau Quiz.

Acht Beine ruft Julian.

Und warum ist die Banane krumm fragt Frau Quiz.

Keine Ahnung rufen alle Kinder.

Der Besuch

„Oma und Opa kommen heute!“, ruft Mama.

Hurra freuen sich Nele und Marie.

Ich warte im Garten ruft Marie.

Ich komme mit schreit Nele.

Da kommen sie schon ruft Marie plötzlich.

Hallo Oma, hallo Opa jubeln die Mädchen.

Ihr seid aber groß geworden staunt Oma.

Was spielen wir denn heute fragt Opa.

Verstecken ruft Nele.

Na, dann versteckt euch schon mal erwidert Opa.

Soll ich suchen helfen fragt Oma.

Eins, zwei drei … zählen Oma und Opa.

Ihr könnt kommen rufen Nele und Marie.

Na, wo seid ihr denn fragt Opa.

Anfang und Ende der wörtlichen Rede
sind durch Redezeichen gekennzeichnet.
Punkte **vor** dem hinteren Redezeichen werden **nicht** gesetzt.
Nach der wörtlichen Rede folgt ein Komma.
Nach dem Komma schreibt man klein.

Unterstreiche die wörtliche Rede blau und den Begleitsatz rot.
Setze die fehlenden Satzzeichen „“, ein.
Markiere den Anfang des Begleitsatzes.

Unser Lieblingsessen

„Ich esse am liebsten Schnitzel mit Pommes“, sagt Paul.

Ich mag gerne Erbsen und Möhren meint Dirk.

Erbsen mag ich überhaupt nicht erwähnt Melissa.

Spaghetti mit Tomatensoße schmecken gut sagt Kim.

Wir essen oft Lammfleisch erzählt Ogun.

Sonntags gibt es bei uns immer Suppe berichtet Lea.

Ich esse für mein Leben gerne Pizza schwärmt Sofia.

Ich mag gerne Kürbissuppe meint Steffi.

Die habe ich noch nie gegessen sagt Kim.

Freitags essen wir oft Fisch erzählt Lukas.

Mmh, lecker! Lachs mag ich am liebsten meint Rike.

Der Steckbrief

„Wir müssen uns noch einen Steckbrief für die Klassenzeitung ausdenken“, sagt Julia.

Wir beginnen mit dem Namen meint Uli.

Und dann kommt die Adresse sagt Paula.

Ich würde auch die Telefonnummer aufschreiben erwähnt Michael.

Wir schreiben auch über das Aussehen sagt Steffi.

Augenfarbe und Haarfarbe sind wichtig findet Leo.

Größe und Gewicht aber auch ergänzt Mira.

Ich möchte über Hobbys schreiben meint Ahmed.

Und ich über meinen Lieblingssportler sagt Nina.

Lieblingsmusik und Lieblingsbuch sind auch interessant findet Julia.

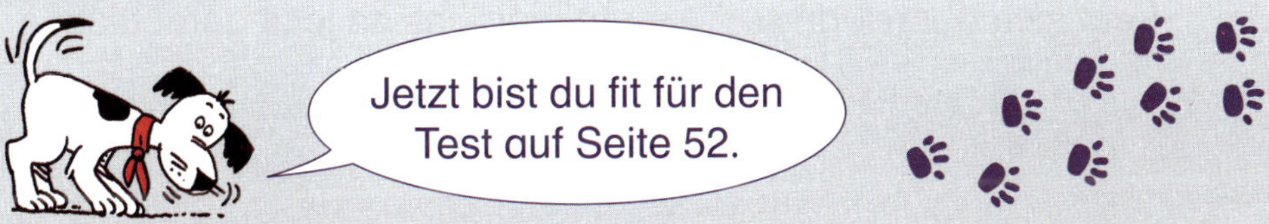

Bei der wörtlichen Rede kann der Begleitsatz auch zwischen dem Redesatz stehen.
Er wird durch Kommas abgetrennt.
Beide Teile der wörtlichen Rede sind durch Redezeichen gekennzeichnet („…“).

Unterstreiche den Begleitsatz rot und die wörtliche Rede blau.
Setze die fehlenden Satzzeichen ? ! . „ “ ein.

Vorm zu Bett gehen

„ Moritz “ ,ruft Mama, „ los ins Bett ! “

Na gut , meint Moritz, darf ich denn noch etwas lesen

Ja , antwortet Mama, noch eine halbe Stunde

Oder , fragt Moritz, liest du mir eine Geschichte vor

Ja , erwidert Mama, aber du musst noch Zähne putzen

Och nein , seufzt Moritz, ich habe keine Lust Zähne zu putzen

Keine Chance , entgegnet Mama, los Zähne putzen

In Ordnung , meint Moritz, dann mache ich es halt

Fertig , ruft Moritz, alle sauber

So , ruft Mama, und jetzt schnell ins Bett

So , freut sich Moritz, und jetzt die Geschichte

Ja , freut sich auch Mama, wir machen uns es jetzt gemütlich

Die Busfahrt

„Los aufstellen“, sagt Frau Schmitz, „der Bus kommt!“

Ja , rufen die Kinder, dürfen wir sitzen wo wir wollen

Nein , antwortet die Lehrerin, jeder sitzt neben seinem Partner und Anna und Sarah sitzen vorne

Warum , motzt Peter, dürfen die beiden vorne sitzen

Ach Peter , seufzt Frau Schmitz, den beiden wird doch immer schlecht beim Busfahren

Och , antwortet Peter, mir auch

Ach so , meint Frau Schmitz, dann setz dich am besten zwischen Anna und Sarah

Nein , ruft Peter, so schlimm ist es auch wieder nicht

Na gut , sagt Frau Schmitz, dann hat sich das ja erledigt und du kannst hinten sitzen

Wie lange , will Karl wissen, fahren wir eigentlich

Wenn wir gut durchkommen , antwortet Frau Schmitz, nur eine halbe Stunde

So , ruft sie, jetzt aber schnell in den Bus

Unterstreiche den Begleitsatz rot und die wörtliche Rede blau. Setze die fehlenden Satzzeichen ? , ! . „ " ein.

Kirmes

„Endlich", freut sich Anton, „ist wieder Kirmes."

Mama bettelt er darf ich da heute nach der Schule sofort hingehen

Nein antwortet Mama nicht sofort

Erst sagt sie musst du alle Hausaufgaben erledigen

Kein Problem jubelt Anton die mache ich heute besonders schnell

Nein meint Mama du sollst sie nicht schnell, sondern ordentlich machen

Ach seufzt Anton das mache ich doch immer

Gut sagt Mama das werden wir ja sehen

Aber jetzt ruft sie beeil dich, sonst kommst du noch zu spät zur Schule

In der Pause

„Komm“, ruft Lea, „lass uns schnell zur Tischtennis-platte laufen, bevor sie besetzt ist!“

Ach Mist sagt Anton da spielen schon die Kinder aus der vierten Klasse

Toll meint Leon und was sollen wir jetzt spielen

Vielleicht sagt Anton lassen sie uns mitspielen

Quatsch antwortet Lea das machen die doch nie

Aber meint Leon fragen kostet nichts

Stimmt erklärt Anton lass uns fragen gehen

Hallo ihr ruft Leon dürfen wir mitspielen

Na klar antworten die Kinder wir spielen Rundlauf

Toll freut sich Lea das spielen wir am liebsten

Mist ruft Leon es hat gerade geklingelt

Ach schade sagt Anton die Pause ist immer so schnell vorbei

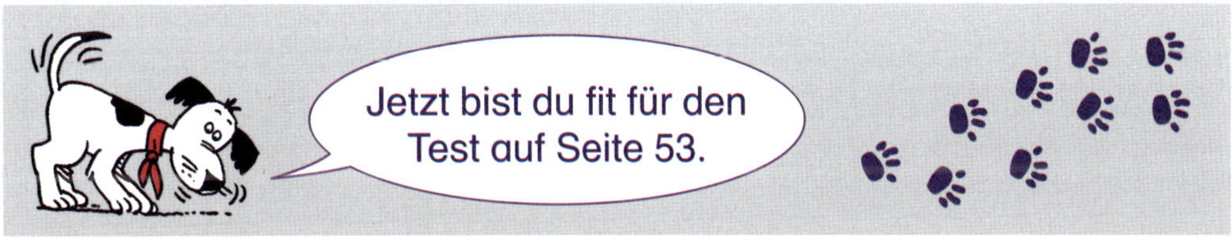

Wörter, die beim Umstellen immer zusammenbleiben, nennt man Satzglieder.

Bilde aus den Satzgliedern mehrere Sätze.
Schreibe sie auf. Kreise die Satzglieder ein.

Bilder | meine Oma | malt

(Meine Oma) (malt) (Bilder).

(Malt) (meine Oma) (Bilder)?

(Bilder) (malt) (meine Oma).

trinkt | der Hund | Wasser

meine Mutter | arbeitet | beim Bäcker

Fußball | mein Freund | spielt

morgens | die Katze | spielt | auf der Terrasse

gerne | im Sommer | ins Schwimmbad | gehe | ich

Urlaub | in den Ferien | mache | in Frankreich | ich

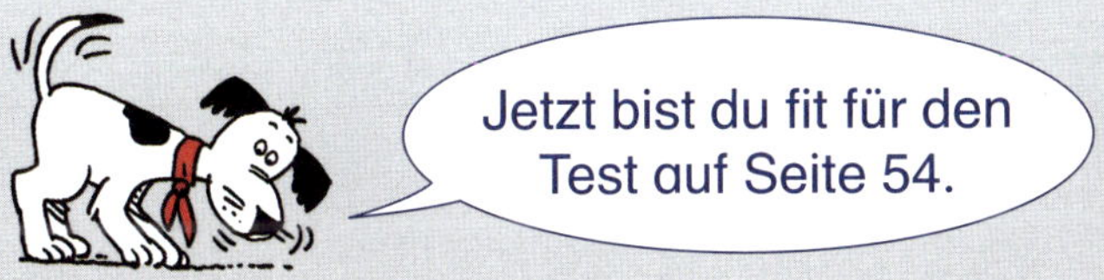

Die einzelnen Satzglieder kann man genauer bezeichnen. Das Satzglied, das auf die Frage „Wer oder was …?“ antwortet, ist das **Subjekt**.

Stelle die Frage „Wer oder was …?“ und unterstreiche das Subjekt blau.

Der Hund trinkt Wasser.

Wer oder was trinkt Wasser? ______________________

Lola geht heute in den Kindergarten.

____

Peter spielt am liebsten Fußball.

____

Die Schüler machen heute einen Ausflug.

____

Schnell laufen die Kinder nach Hause.

____

Das Pferd springt über ein Hindernis.

____

Wir warten vor dem Kino auf einen Freund.

Im Garten steht ein Apfelbaum.

Im Schwimmbad springe ich vom Beckenrand.

In der großen Pause laufen alle auf den Schulhof.

Die Sterne leuchten hell am Himmel.

Nächstes Jahr fährt die Familie ans Meer.

Auf dem Spielplatz hat Lutz eine Burg gebaut.

Im Kino läuft heute ein toller Film.

Die einzelnen Satzglieder kann man genauer bezeichnen. Das Satzglied, das auf die Frage „Was tut …?“ antwortet, ist das **Prädikat**.

Stelle die Frage „Was tut …?“ und unterstreiche das Prädikat rot.

Der Hund trinkt Wasser.

Was tut der Hund? ______________________________

Lara spielt mit Lego.

____

Mama kocht ein leckeres Mittagessen.

____

Familie Koch fährt morgen in den Urlaub.

____

Max schwimmt schon sehr gut.

____

Jule isst gerne Schokolade.

____

Lisa schreibt in ihr Tagebuch.

Die Segel flattern im Wind.

Der Vogel baut ein Nest.

Die Wolken ziehen am Himmel.

Oma liest in einem Märchenbuch.

Die Katze springt auf den Baum.

Im Winter bauen die Kinder einen Schneemann.

Im Herbst fallen die Blätter.

Manchmal kann das Prädikat auch aus zwei Teilen bestehen, weil das Verb in der Grundform eine Vorsilbe hat.

Stelle die Frage „Was tut …?“
und unterstreiche das Prädikat rot.

Heute Abend geht Kais Mutter aus.

Was tut Kais Mutter? → ausgehen

Lisa sagt das Gedicht auf.

____

Der Professor denkt lange über die Aufgabe nach.

____

Die Kinder schreiben einen langen Text ab.

____

Die Mutter liest dem Kind eine Geschichte vor.

____

Unser Auto springt nicht an.

____

Der Zug fährt pünktlich ab.

____

Nicole lädt alle ihre Freunde zum Geburtstag ein.

____

Dirk sagt seinem Tischnachbar vor.

____

Die Sportler tragen die Ergebnisse in die Liste ein.

____

Tina holt ihre Freundin zum Spielen ab.

____

Papa ruft bei der Werkstatt an.

____

Max spielt etwas auf dem Klavier vor.

____

Der Lehrer schaut die Hausaufgaben nach.

____

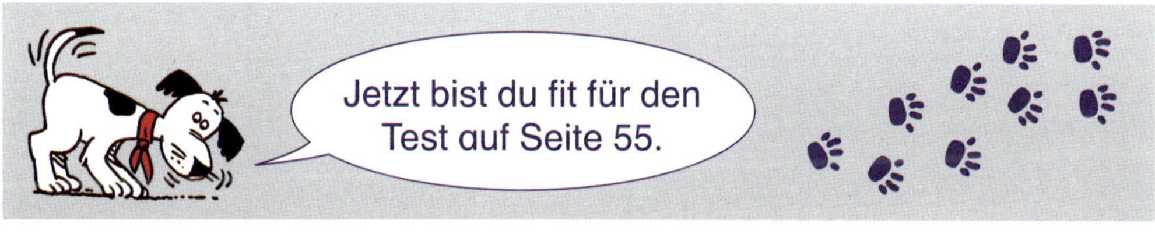

Das kann ich jetzt!

Die bestimmten Artikel heißen: ______________________ .

Die unbestimmten Artikel heißen: ______________________ .

Entscheide, ob du einen bestimmten oder unbestimmten Artikel einsetzen musst. Setze den Artikel ein.

Katrin und Anke haben sich __________ Armband gekauft.

__________ Schal kratzt am Hals.

Gibst du mir bitte __________ Buch über den Ritter Kunibert?

Gehen wir heute __________ Eis nach der Schule essen?

In der Suppe fehlt __________ Salz.

__________ Frau von unserem Nachbarn fährt heute in den Urlaub.

__________ Meer glitzert in der Sonne.

Die Sahara ist __________ Wüste.

__________ Wasser aus dem Wasserhahn ist kalt.

__________ Sonne scheint heute sehr stark.

Das kann ich jetzt!

Bei regelmäßigen Verben bleibt der Wortstamm __________ .
Bei unregelmäßigen Verben ____________________ sich der Wortstamm.

Setzte das passende Verb zuerst in der Gegenwartsform und dann in der Vergangenheitsform ein.

geben | lachen | bauen | fahren | rollen

Wir ____________________ heute in den Urlaub.

Wir ____________________ gestern in den Urlaub.

Tom ____________________ seiner Mutter einen Kuss.

Tom ____________________ seiner Mutter einen Kuss.

Ich ____________________ jetzt noch über den Witz.

Ich ____________________ heute morgen über den Witz.

Meine Eltern ____________________ ein neues Haus.

Meine Eltern ____________________ vor zwanzig Jahren ein Haus.

Der Ball ____________________ über die Straße.

Der Ball ____________________ gestern über die Straße.

Das kann ich jetzt!

Adjektive kann man ______________________

und so mit ihnen vergleichen.

Schreibe zu jedem Bild passende Sätze.

klein

____

____

____

schwer

____

____

____

schnell

____

____

____

Das kann ich jetzt!

Am Ende eines Satzes steht ein Satzzeichen.
? bei einer Frage, . bei einer Aussage,
! bei einem Ausruf, . oder ! bei einer Aufforderung.

Setze die fehlenden Satzzeichen (11) . ! ? ein.
Markiere die Satzanfänge.
Schreibe den Text richtig ab.

Otto ist ein Affe und lebt im Zoo er kann es kaum fassen was soll das an seinem Gehege hat der Wärter ein Schild angebracht füttern verboten das kann nicht wahr sein Otto liebt Bananen und Nüsse was bekommt er jetzt zu knabbern hoffentlich nicht wieder diese langweiligen Salatblätter igitt die mag er überhaupt nicht

Das kann ich jetzt!

Anfang und Ende der wörtlichen Rede
sind durch ______________________ gekennzeichnet.
Nach einem Doppelpunkt schreibt man __________ weiter.
Folgt der Begleitsatz nach der wörtlichen Rede,
wird er durch ein ________________ getrennt.

Unterstreiche den Begleitsatz rot
und die wörtliche Rede blau.
Setze die fehlenden Satzzeichen ? , . : „ “ ein.

Der Fund

Ich habe eine Geldbörse gefunden sagt Moritz

Wo hast du sie denn gefunden fragt der Polizist

Moritz antwortet Auf dem Spielplatz

Und hast du dich dort schon umgehört fragt der Polizist weiter

Ja, aber sie gehörte keinem antwortet Moritz

Der Polizist erklärt Dann gebe ich sie im Fundbüro ab

Bekomme ich dann auch Finderlohn fragt Moritz

Ich notiere mir deinen Namen und wenn sich jemand meldet, dann bekommst du bestimmt einen Finderlohn lacht der Polizist

Das kann ich jetzt!

**Unterstreiche den Begleitsatz rot und die wörtliche Rede blau.
Setze die fehlenden Satzzeichen ? , ! . : „ “ ein.**

Am Badesee

Tom fragt Wollen wir heute zum Badesee

Ja antwortet Nele sehr gerne

Wann will Nele wissen sollen wir denn los fahren

Ach meint Tom am besten direkt nach der Schule

Gute Idee erwidert Nele bei dem schönen Wetter

bekommen wir sowieso keine Hausaufgaben auf

Nele fragt Nimmst du wieder den Ball mit

Na klar sagt Tom dann spielen wir Wasserball

Super ruft Nele dann bis gleich

Ja sagt Tom holst du mich ab

Wird gemacht antwortet Nele bis später

Das kann ich jetzt!

Wörter, die beim Umstellen immer zusammenbleiben, nennt man ____________________.

Stelle die Sätze mehrmals um.
Schreibe sie auf.

mein Vater | den Rasen | mäht

____

____

____

das Kind | auf dem Spielplatz | spielt

____

____

____

mit dem Fahrrad | Paula | fährt | zur Schule

____

____

____

____

Das kann ich jetzt!

Das Satzglied, das auf die Frage „Wer oder was …?“ antwortet, ist das ______________________.

Das Satzglied, das auf die Frage „Was tut …?“ antwortet, ist das ______________________.

Unterstreiche das Subjekt blau und das Prädikat rot.

Lisa schwimmt im See.

Peter spielt mit einem Ball.

Die Oma kocht Kartoffeln.

Die Familie geht ins Kino.

Das Kind trinkt eine Limonade.

Der Affe klettert auf den Baum.

Der Mond leuchtet am Himmel.

Die Katze faucht den Hund an.

Die Lehrerin liest ein Buch vor.

Die Schüler stellen sich auf.

Ich sage ein Gedicht auf.

Das habe ich geschafft!